Liebe Hummel-Freunde,

schön, dass ihr mit mir eine Hummelrunde durch die Natur der Wiese dreht.
Zusammen besuchen wir mein Zuhause und meinen Lebensraum, meine Insektenfreunde und viele andere Tiere und Pflanzen.
In der Natur kann man spannende Abenteuer erleben, und ich freue mich, dass wir gemeinsam diese Entdeckungsreise antreten.
Hummeln können nämlich nicht nur Mut machen, sondern haben auch eine ganz bestimmte Aufgabe in der Natur, genau so wie jedes andere Lebewesen.

Also, nichts wie auf die Hummelbeine, fertig, los!

Eure Hummel Bommel

BRITTA SABBAG   MAITE KELLY   JOËLLE TOURLONIAS

DIE KLEINE HUMMEL BOMMEL

ENTDECKT DIE WIESE

arsEdition

Willkommen auf der Wiese!

Hallo, ich bin Bommel! Die Wiese ist mein Zuhause. Beim Spazierengehen kannst du erleben, wie schön die Wiese ist! Bis in den Herbst hinein leuchtet sie in bunten Farben und überall brummt und summt es.

Zwischen den langen schmalen Grashalmen wachsen viele verschiedene Pflanzen. Hier und da blühen bunte Blumen und unterschiedliche Tiere krabbeln oder fliegen herum.

Manche Tiere sind hier zu Hause, manche kommen nur als Besucher, auf der Suche nach Nahrung.

Hummeltipp:
Kleine Tiere zu entdecken, macht hummeligen Spaß und ist spannend. Viele Tiere sind so klein, dass man sie auf den ersten Blick gar nicht entdecken kann – mit einem Vergrößerungsglas kannst du sie viel besser sehen.

Probier's doch mal aus!

Die Stockwerke einer Wiese

In einer Wiese leben viele unterschiedliche Tiere auf engem Raum beieinander. Das ist nur möglich, weil sie unterschiedliche Lebensgewohnheiten und Bedürfnisse haben und sich den Raum und die Nahrung untereinander aufteilen.

Blütenschicht

Blatt- und Stängelschicht

Streuschicht

Wurzelschicht

Hast du das gewusst?
Die Tiere teilen sich nicht nur den Raum und die Nahrung auf, sondern sogar die Tageszeit. Manche sind tagsüber wach und aktiv und andere nachts.

Du kannst dir die Wiese **wie ein großes Haus** vorstellen, in dem sich die Bewohner und Besucher auf vier Stockwerke über der Erde und den Keller aufteilen.

Blütenschicht

Im obersten Stockwerk, dem „Dachgeschoss" der Wiese, findest du vor allem fliegende Insekten, die vom Nektar der Blüten leben, wie wir Hummeln, die Bienen und die Schmetterlinge.

Blatt- und Stängelschicht

Die „erste Etage" der Wiese beginnt ein wenig über der Streuschicht. Hier siehst du die Stängel und Blätter der Pflanzen und dazwischen viele Tiere – Käfer zum Beispiel, die auf der Suche nach Nahrung an den Pflanzen rauf- und runterkrabbeln.

Streuschicht

Der Wiesenboden, das „Erdgeschoss" der Wiese, besteht aus abgestorbenen Pflanzen und ist der Lebensraum vieler Insekten und anderer Krabbeltiere. Hier entdeckst du Schnecken, Käfer und Ameisen, die Versteckmöglichkeiten finden und von Blättern und anderen Pflanzenteilen leben.

Wurzelschicht

Im „Keller" des Wiesenhauses wurzeln die Pflanzen. Zwischen den Wurzeln bauen Mäuse und Maulwürfe ihre Gänge, und auch der Regenwurm und viele kleine Bodentiere sorgen dafür, dass aus abgestorbenen Pflanzen wieder nährstoffreiche Erde wird.

Hummeltipp:

Um den „Keller" der Wiese zu untersuchen, hebe einfach ein kleines Stück Wiese in deinem Garten mit einem Spaten ab. Lass dir dabei von deinen Eltern helfen und setze nach der Untersuchung das abgestochene Wiesenstück wieder ein.

Schau mal, so viele schöne
Gräser und Blumen!

Hast du das gewusst?
Manche Wiesenkräuter haben
eine heilende Wirkung, manche kann man sogar essen. Aus
Löwenzahn zum Beispiel kann
man Salat machen. Kamillen-
tee hilft bei Bauchweh.

Gänseblümchen

Wiesenschaumkraut

Glockenblume

Die Blumen auf der Wiese

Welche Pflanzen auf einer Wiese wachsen, hängt davon ab, ob der Boden humusreich, sandig oder steinig, nass oder trocken ist. Auf einer Wiese, die nicht gemäht wird, findest du viele verschiedene Blumen. Jede von ihnen hat Wurzel, Stängel, Blätter und Blüten. Mit den Wurzeln halten sich die Pflanzen in der Erde fest und versorgen sich mit Wasser und Nährstoffen. Wie mit einem Strohhalm! Ihre Blätter haben winzige Löcher, durch die Luft in sie eindringt und auch wieder ausgeschieden wird. Pflanzen atmen, genau wie alle anderen Lebewesen.

Und noch etwas Wichtiges geschieht in den Blättern: Der grüne Farbstoff in den Blättern kann mithilfe der Energie vom Sonnenlicht aus einem Bestandteil der Luft (Kohlendioxid) die Stoffe aufbauen, die Pflanzen zum Wachsen brauchen. Das nennt man Photosynthese.

Blüte

Blätter

Stängel

Wurzel

Wiesensalbei

Mohnblume

Gänseblümchen wachsen auf Wiesen, die regelmäßig gemäht werden, weil sie nur im kurzen Gras genug Licht bekommen. Nachts, wenn die Sonne untergegangen ist, und bei starkem Regen schließen sie ihre Blüten.

Wiesenschaumkraut hat viele kleine Blüten und färbt eine grüne Wiese weiß oder rosa. Auch diese Pflanzen enthalten viel Nektar und werden deshalb gerne von vielen Insekten besucht.

Die Glockenblumen tragen ihren Namen, weil ihre Blüten an kleine Glocken erinnern. Sie sind ganz zart, aber hängen an einem kräftigen Stängel. So fallen sie nicht herunter, wenn wir Hummeln hineinkriechen.

Wiesensalbei hat ganz besondere Blüten: Sie sind so geformt, dass sie uns Hummeln einen Super-Landeplatz bieten.

Mohnblumen sieht man schon von Weitem leuchten. In der Wiese findest du sie aber nur selten, sie wachsen eher am Wegrand oder im Acker.

Werde Hummelexperte!
Alles über uns Hummeln

Das Hummelvolk

Wir Hummeln gehören zur Familie der **Echten Bienen**. Ein Hummelvolk besteht je nach Art aus etwa 50 bis 600 Tieren und einer Königin. Zu dem Volk gehören Arbeiterinnen, Männchen, die wie bei den Honigbienen Drohnen genannt werden, sowie Jungköniginnen.

Unser hummeliges Geheimnis

Wenn man uns Hummeln sieht, mit unserem runden Körper und den kleinen Flügeln, könnte man meinen, das Fliegen würde uns schwerfallen. Doch über so etwas machen wir uns keine Gedanken, und das ist unser Glück. Wir sind mutig und fliegen einfach los! Aber wir sind so schlau, uns vorher aufzuwärmen, auf 30 – 40 Grad Körpertemperatur. **Ist es nicht toll, wie klug Mut machen kann?** Beim Fliegen schlagen wir ununterbrochen mit unseren Flügeln, bis zu 200 Mal pro Sekunde. Dabei erzeugen unsere Flügel einen Luftwirbel, der einen Auftrieb bewirkt. Mit diesem Auftrieb können wir ganz hoch fliegen!

Die Hummeln der Welt

Es gibt in etwa **250 Hummelarten auf der Welt**, einige von ihnen sind vom Aussterben bedroht. Deshalb sind manche Hummelarten sowie die Königinnen bei allen Arten geschützt. Wenn du also in deinem Garten Hummeln siehst, bist du ein echter Glückspilz!

Hummeln leben am liebsten dort, wo es nicht zu warm ist. Besonders viele Arten gibt es in Europa und Asien, in großen Teilen Afrikas leben gar keine Hummeln.

Dunkle Erdhummel

Baumhummel

Steinhummel

Wiesenhummel

Ackerhummel

Im Hummelnest

Im Frühling sind nur große Hummeln unterwegs, das sind die **Königinnen**. Sie suchen nach einem Platz, wo sie ihr Nest bauen und einen eigenen Hummelstaat gründen können. Das Hummelvolk ist sehr klein und lebt oft in einer Erdhöhle wie die Dunkle Erdhummel. Manche Hummeln bauen ihr Nest auch unter Steinen (Steinhummel) oder in Baumhöhlen (Baumhummel).

Ihr **Nest** baut die Hummelkönigin aus weichem Wachs, das sie über Hautdrüsen ausschwitzt. Als Nahrungsquelle baut sie einen runden Topf für den Nektar und den Pollen (= Blütenstaub). Einen weiteren Topf baut sie für ihre Eier. Aus den Hummeleiern schlüpfen **Larven**, die wie kleine weiße Würmer aussehen. Damit die Larven wachsen, sitzt die Königin auf ihnen und hält sie warm. Die Larven ernähren sich von den Vorräten im Topf. Wenn sie etwas größer geworden sind, verpuppen sie sich, ähnlich wie die Schmetterlinge, und schlüpfen bald als fertige Hummeln.

Eines Tages krabbeln die neuen Hummeln aus dem Nest heraus. Sie sind kleiner als die Hummelkönigin und heißen **Arbeitshummeln**. Sie helfen der Königin, Pollen und Nektar zu sammeln. Die leeren Töpfchen, in denen die Larven geschlüpft sind, werden jetzt für Pollen und Nektar benutzt.

Warum wir Hummeln so wichtig sind

In der Früh, wenn noch der Morgentau auf dem Gras liegt, sind wir Hummeln die Ersten auf der Wiese. Nach einer Weile sind auch einige Bienen unterwegs! Die Blumen locken uns mit schönen Farben und ihrem guten Duft an. Wir schlürfen ihren süßen Nektar und sammeln Blütenstaub. Das ist nämlich unsere Nahrung. Dabei bleibt ganz nebenbei auch ein bisschen Blütenstaub an unserem feinen Haarkleid hängen und wird weiter zur nächsten Blüte getragen. So bestäuben wir die Blüten und bei vielen Pflanzen entwickeln sich Samen und Früchte und sie vermehren sich.

Wir Hummeln und die Bienen gehören zu den wichtigsten Bestäuberinsekten!

Ohne uns würde es viele unserer Pflanzen nicht geben. Obstbäume zum Beispiel! Es ist also wichtig, gut für uns Hummeln und die Bienen zu sorgen.

Hast du das gewusst?

Wir Hummeln sammeln den Pollen in kleinen „Körben", die an unseren Hinterbeinen sitzen. Sind sie gefüllt, leuchten sie farbig. Wir tragen dann Pollenhöschen.

Der Löwenzahn

Wir Hummeln besuchen am häufigsten rote und blaue Blumen,
wie zum Beispiel die Wiesenglockenblumen.
Aber auch den Löwenzahn mögen wir hummelig gern.

Der **Löwenzahn** trägt seinen Namen, weil
seine grün gezackten Blätter wie die Zähne
eines Löwen aussehen. Sobald die ersten Son-
nenstrahlen auf den Boden treffen, schießt
er aus der Erde. Nach ein paar Tagen ist der
Löwenzahn verblüht und die Blüte bleibt
geschlossen. In ihrem Inneren reifen nun
die Früchte heran. Wenn sich die Hüllblätter
wieder öffnen, ist der Löwenzahn zur Pusteblume geworden.

Hast du schon einmal in eine **Pusteblume**
geblasen? Wenn ja, hast du dabei geholfen,
dass neue Blumen wachsen können!
Denn überall, wo ein Schirmchen auf den
fruchtbaren Boden fällt, kann eine neue
Blume entstehen. Ist das nicht ein Wunder?

Hast du das gewusst?
Wenn wir Hummeln
Nektar aus den Blüten
sammeln, markieren
wir sie mit einem spe-
ziellen Duft.
So wissen wir, welche
Blumen wir schon
besucht haben.

Hummeltipp:
Pflücke einen Löwenzahn und
schneide den Stängel von unten bis zum
Blütenkopf ein (oder ritze die Stiele mit
dem Fingernagel von beiden Seiten ein)
und stelle ihn in ein Wasserglas. Nach
wenigen Augenblicken kringeln sich die
eingeritzten Stiele vom Löwenzahn wie
Schweine-Ringelschwänzchen.

Meine Verwandten:
die Bienen und die Wespen

Das Bienenvolk

Ein Bienenvolk besteht wie bei den Hummeln aus einer Königin, vielen
Drohnen (männliche Bienen) und Tausenden von Arbeiterbienen.
Während die Königin nur Eier legt und die Drohnen nur zur Befruchtung
der Königin da sind, haben die Arbeiterinnen viele Aufgaben:
Sie bauen Waben, kümmern sich um die Aufzucht der Maden, machen mit
ihrem Magensaft aus Nektar Honig, bewachen den Eingang des Bienen-
stocks und sammeln Vorräte.
Es gibt auch viele Wildbienenarten – diese sind kleiner als die Honigbienen und bilden nur ein kleines Volk oder gar keins.

Bienenkästen

Wie leben Honigbienen?

In der freien Natur leben Bienen in Hohlräumen von Bäumen. Dort
bauen sie aus Wachs ihre Waben. In den sechseckigen Zellen ziehen
sie ihren Nachwuchs groß und lagern ihre Vorräte für den Winter.
Früher ernteten die Menschen Honig aus diesen Baumhöhlen.
Heute stellen sogenannte Imker und Imkerinnen Bienenkästen an
geeigneten Orten auf. Sie sorgen auch dafür, dass die Bienen gesund
bleiben, ernten den Honig und füttern die Bienen (mit Zuckerwas-
ser) als Ausgleich für den Honig, den sie ihnen nehmen.

So entsteht Honig

Mmmh, so ein Honigbrot ist lecker! Den Honig, den du morgens auf dein Brot schmierst, verdankst du den Bienen. **Aber wie entsteht er?**

Bienen beschäftigen sich tagein, tagaus damit, Blütennektar einzusammeln. Mit vollem Honigmagen fliegen sie dann zurück zu ihrem Bienenstock. Dort geben sie den Inhalt ihres Honigmagens immer wieder von Mund zu Mund an andere Bienen weiter. Dabei verliert er Wasser und wird immer dicker. Außerdem reichern ihn die Bienen mit Stoffen aus ihrem Speichel an. Schließlich wird er in eine Wabe gefüllt, die von den Bienen mit einem Wachsdeckel verschlossen wird. Jetzt ist der Honig fertig und wird als Vorrat aufgehoben!
Wir Hummeln machen aus dem Nektar keinen Honig. Wir füllen ihn in Vorratswaben, die wir schnell leer fressen.

Bienen bei der Arbeit

Die Wespen

Die Hornisse

Auch die **Wespen** sammeln Nektar und Pollen auf der Wiese. Ihr Nest bauen Wespen meist in Hecken, Bäumen oder an Hauswänden. Dazu zerkauen sie weiches morsches Holz, vermischen es mit ihrem Speichel und machen daraus eine Art Papier. Daraus entsteht Stück für Stück ein kleines Nest, das wie Papier aussieht. **Wenn dir eine Wespe zu nahe kommt, verhalte dich ganz ruhig.** Sie sticht vor allem dann, wenn sie sich bedroht fühlt, zum Beispiel, wenn man eine schnelle Bewegung macht.

Die **Hornissen** sind ebenfalls Wespenarten. Nur sind sie viel größer. Sie sind aber weniger angriffslustig und stechen seltener als ihre kleinen Verwandten. Das liegt daran, dass sie sich nicht für die Lebensmittel der Menschen interessieren.

Wie wird aus der Raupe ein Schmetterling?

Der Schmetterling macht **drei Verwandlungen** durch, bevor er erwachsen ist. Zuerst ist da ein kleines Ei. Aus diesem Ei schlüpft bald eine Raupe, die riesigen Hunger hat. Sie frisst Blatt für Blatt. Bald wird ihr die alte Haut zu eng. Die Raupe streift sie ab und wächst weiter. Bis sie sich eines Tages schließlich verpuppt. In dieser Puppe wächst ein Schmetterling heran, der bald ausschlüpft. Schau, wie wunderschön er ist!

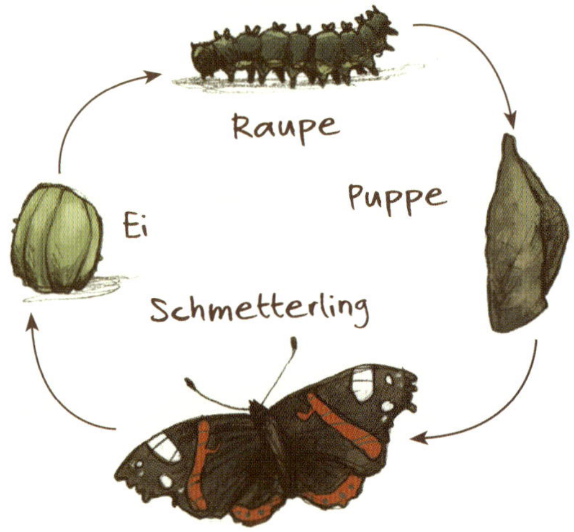

Raupe

Puppe

Ei

Schmetterling

Die Schmetterlinge

Auch meine Freunde, die Schmetterlinge, bestäuben Blumen. Wusstest du, dass man ihre lange Zunge Rüssel nennt, wie die Nase der Elefanten? Mit ihr trinken sie wie aus einem Strohhalm den süßen Nektar der Blumen.

Wie finden Schmetterlinge die Blumen?

Schmetterlinge haben wie alle Insekten große Augen, die aus vielen Einzelaugen zusammengesetzt sind. Damit sehen sie die Blumen schon aus der Ferne und erkennen viele Farben. Mit ihren Fühlern riechen sie den Blütenduft und prüfen die Nahrung.

So viele verschiedene Schmetterlinge!

Es gibt viele unterschiedliche Schmetterlinge, aber nicht alle sind bunt. **Tagfalter** sind oft sehr farbenfroh. Wenn sie über die bunte Wiese flattern, denken ihre Feinde, sie sind Blumen. **Nachtfalter** sind eher braun und unscheinbar. Sie schlafen tagsüber und dürfen nicht auffallen. Die Farben dienen also der Tarnung.

Schwalbenschwanz   Zitronenfalter   Kohlweißling

Tagpfauenauge   Bläuling   Kleiner Fuchs

Es gibt unterschiedliche Marienkäfer.

Das ist ein Siebenpunkt-Marienkäfer.

Fast alle Marienkäfer-arten fressen Blattläuse.

Die Marienkäfer

Es gibt viele unterschiedliche Marienkäfer. Manche sind größer, andere kleiner. Manche haben nur zwei Punkte, andere zehn oder mehr. Sie können rot mit schwarzen Punkten sein, aber auch gelb, schwarz oder orange mit unterschiedlichen Tupfen.

Die Anzahl der Punkte verrät dir allerdings nicht, wie alt der Marienkäfer ist.

Es gibt noch viele andere Käfer:

Grünblauer Prunkkäfer

Grüner Schildkäfer

Grünblauer Fallkäfer

Variabler Plumprüssler

Rotklee-Spitzmausrüssler

Hast du das gewusst?
Die rot-schwarzen Marien-käfer gelten als Glücksbringer und werden auch Glückskäfer genannt.

Die Ameisen

Wo leben sie?

Ameisen leben in einem Ameisenstaat mit Königin und Arbeiterinnen. Im Unterschied zu den Waldameisen bauen die Schwarzen Wegameisen keine hohen Nester, sondern nur kleine Baue über oder knapp unter der Erde, zwischen Steinen und Laub, oder in Ritzen oder Spalten. Diese sind nicht sehr stabil und müssen ständig erneuert werden.

Wegameisen
und Blattläuse

Ameisen mögen Süßes

Sie lieben den süßen und nahrhaften Honigtau, den Blattläuse ausscheiden. Um immer einen Vorrat zu haben, sorgen sie dafür, dass die Läuse in ihrer Nähe bleiben. Sie saugen den Honigtau von ihrem Hinterteil, das nennt man „melken". Dafür beschützen sie die Läuse vor ihren Feinden wie dem Marienkäfer.

Fliegende Ameisen

Hast du schon einmal eine fliegende Ameise gesehen? Im Sommer wachsen den männlichen Ameisen und den frisch geschlüpften jungen Königinnen Flügel. Sie erheben sich in die Luft, um sich zu paaren. Danach bleiben nur die Weibchen übrig. Die Königinnen verlieren ihre Flügel, dann gründen sie neue Ameisenstaaten.

Die Schnecken

Schnecken haben keine Knochen. Sie bestehen nur aus einem Kopf und aus einem Fuß. Um den weichen Schneckenkörper vor dem rauen Untergrund zu schützen, stellen sie Schleim her und hinterlassen beim Kriechen eine Schleimspur.

Gehäuseschnecken schlüpfen schon mit ihrem Haus aus dem Ei. Bei Gefahr können sie sich darin verstecken. Ist es nicht toll, sein Haus immer dabeizuhaben?

Nacktschnecken ohne Haus schützen sich durch einen bitter schmeckenden Schleim. Am liebsten fressen Schnecken Blätter und andere weiche Pflanzenteile.

Die Grillen und die Heuschrecken

Im Sommer ist es auf der Wiese ganz schön laut! Das sind die Grillen und die Heuschrecken. An sehr heißen Sommertagen fiedeln und zirpen die Männchen, so laut sie können, um mit ihrem Gesang die Weibchen anzulocken. Die Musik machen sie je nach Art mit ihren Beinen oder Flügeln, die sie aneinanderreiben. Heuschrecken können riesige Sprünge machen und fliegen und kommen so schnell von einem Futterplatz zum nächsten.

Ein Männchen hat mit seinem Gesang ein Weibchen angelockt.

Glühwürmchen

Mit etwas Glück kannst du in den warmen Sommermonaten kleine Lichtpunkte auf Wiesen und an Waldrändern entdecken: Dann sind die **Glühwürmchen** unterwegs. Glühwürmchen sind kleine Leuchtkäfer. Sie haben an ihrem Hinterleib ein kleines Leuchtfeld, das sie wie eine klitzekleine Taschenlampe ein- und ausschalten können. Das Leuchten hilft den Käfern im Dunkeln ihren Partner zu finden. Die Männchen fliegen umher und suchen nach den Leuchtsignalen der Weibchen am Boden. Diese können nämlich nicht fliegen und sitzen auf den Grashalmen.

Die Wiese in der Nacht

In der Nacht fliegen wir Hummeln zum Schlafen in unser Hummelnest. Schließlich sind wir den ganzen Tag herumgeflogen und müssen uns für den nächsten Tag ausruhen.

Nachtfalter

Mmmh, was duftet hier so gut? Manche Blumen öffnen ihre Blüten erst am Abend und locken mit ihrem Duft nachtaktive Insekten an. Es gibt viele Falter, die nur nachts fliegen. Farben können die **Nachtfalter** nur schwer erkennen, dafür haben sie einen feinen Geruchssinn. Deshalb haben Blumen, die nachts geöffnet sind, meistens einen sehr starken Duft.

Die Spinne betäubt ihre Beute und wickelt sie ein.

Die Spinnen

Spinnen sind die **Architekten der Wiese**. Schau mal – dort, zwischen den Halmen und Gräsern, kannst du ein kunstvolles Spinnennetz sehen. Es ist fast unsichtbar! Die Kreuzspinne hat es aus klebrigen Seidenfäden gewebt, die sie aus ihrer Spinndrüse am Hinterleib spinnt. Dazu befestigt sie Fäden zuerst zwischen den Pflanzen. Dann webt sie ihr Netz wie eine Spirale. Dazu braucht die Kreuzspinne viele Stunden. Wenn das Netz fertig ist, versteckt sie sich und wartet auf Beute.

Dieses Spinnentier ist ein Weberknecht:

Weberknechte haben keine Spinndrüsen und bauen keine Netze.

Hast du das gewusst?

Spinnen sind keine Insekten, sondern gehören zu den Spinnentieren. Alle Spinnen haben acht Beine und sechs oder acht Augen.

Die Feldlerche

Vogelnest in der Wiese

Auf der Wiese findet man auch einige Vögel, zum Beispiel die **Feldlerche**. Zwischen den Blättern hat eine Lerche eine Erdkuhle gescharrt und mit Pflanzen ausgepolstert.
Die Feldlerche ist ein typischer Wiesenvogel. Sie nistet im Gras und nicht auf Bäumen oder Sträuchern. Um nicht aufzufallen, hat sie ein unscheinbares Gefieder. Das nennt man Tarnung.

Welche großen Tiere leben noch auf der Wiese?

Kaninchen

Hamster

Eidechse

Kröte

Maulwurf

Storch

Hase

Feldmaus

Wasserläufer

Stechmücke   Florfliege

Am Teich

Komm, weiter geht's zum Teich! Einen Teich findest du in der Nähe von manchen Wiesen. Auch hier gibt es viele Insekten zu entdecken, zum Beispiel Libellen, Wasserläufer, Florfliegen und Stechmücken.

Auf der Wasseroberfläche schwimmen Seerosen, die auf ihren großen flachen Blättern Fröschen und auch uns Insekten einen tollen Rastplatz bieten. Sieht doch ganz gemütlich aus, oder?

Libelle

Eine Libelle kann ihre beiden Flügelpaare getrennt voneinander bewegen. So kann sie im Fliegen rasch die Richtung wechseln, rückwärts fliegen oder in der Luft stehen bleiben.

Die Augen der Libelle sind riesig und wie bei allen Insekten aus Tausenden Einzelaugen zusammengesetzt. Zwischen diesen großen Augen sitzen zusätzlich drei kleine Punktaugen zum Erkennen von hell und dunkel und zur Orientierung beim Fliegen.

So sieht die Libelle wohl von allen Insektenarten am besten. Ihre Flügel schillern im Sonnenlicht in vielen Tausend Farben.

Wenn die Sonne scheint und es gleichzeitig regnet, kann am Himmel ein **Regenbogen** entstehen. Hast du schon einmal einen gesehen?

Regenbogen

Vorne ist beim Regenwurm dort, wo die verdickte Stelle ist.

Es regnet auf der Wiese

Viele Blumen haben jetzt ihre Blüten geschlossen oder neigen sie zur Erde. Das machen sie, um ihre empfindlichen Staubgefäße zu schützen, die der Regen zerstören könnte.

Der Regenwurm

Wenn es regnet, kannst du auf der Wiese Regenwürmer sehen. Deshalb heißt der Regenwurm auch so. In Wirklichkeit mag er den Regen aber gar nicht. Er kommt nur raus, weil sich in seinen Wohnröhren unter der Erde Wasser sammelt. Doch zu viel Sonne mag der Regenwurm auch nicht, denn die trocknet seine Haut aus. **Regenwürmer sind sehr nützlich.** Beim Graben lockern sie die Erde auf, sodass der Boden belüftet wird, und sie verputzen jede Menge vermoderte Pflanzenteile. Was sie ausscheiden, ist neue Erde. So verbessern sie den Boden. Regenwürmer haben keine Füße, aber kurze Borsten. Mit denen stoßen sie sich ab. Außerdem haben sie Ringmuskeln, die sie zusammenziehen und wieder ausdehnen – so können sie sich gut weiterbewegen.

Hummelliebe

Im Spätsommer schlüpfen im Hummelnest nur noch Männchen und die künf-
tigen Königinnen. Sie sind größer als
Arbeitshummeln. Bald paaren sie sich
und die befruchteten Weibchen gründen
im nächsten Frühjahr einen neuen Staat.
Davor suchen sie sich aber erst einmal
einen geeigneten Platz für ihr Winternest und halten Winterschlaf.

Es wird Herbst

Langsam werden die Tage kürzer: Es wird Herbst und überall liegen bunte Blätter! Auf den Straßen, im Wald und auch auf den Wiesen. Manchmal halten Menschen das Herbstlaub für Abfall, aber in der Natur gibt es keinen Abfall! Viele Kleinstlebewesen, die unter der Erde wohnen, ernähren sich von diesem Laub. Regenwürmer ziehen es in ihre Gänge, fressen es und scheiden es danach als feine Erde wieder aus. Alles wird Jahr für Jahr wiederverwertet.

Die Laubschicht bietet aber auch Schutz – viele Krabbeltiere wie Asseln oder Tausendfüßer überwintern hier.

Die Hummel baut sich ein Winternest

Im Herbst suchen die neuen jungen Hummelköniginnen nach einem passenden Ort für ihr Winternest. Wenn sie einen guten Platz gefunden haben, bohren sie sich zum Beispiel unter die Erdoberfläche und graben sich dort für den Winterschlaf ein.

Die Wiese im Winter

Brrrr, ist das kalt! Im Winter liegt die Wiese gelblich-braun vertrocknet da. Man kann kaum erahnen, welche Farbpracht im nächsten Frühjahr und Sommer hier entstehen wird. Schnee und Raureif kann sie im Winter aber auch in eine richtige Traumlandschaft verwandeln.

Auf der Winterwiese kannst du immer noch Blumen finden: sogenannte Wintersteher. Zum Beispiel Schlüsselblumen, Schafgarbe, Margeriten, Wiesenkerbel, Mädesüß oder Johanniskraut. Sie sind ganz starr. Die Samen bleiben in der vertrockneten Blüte.
Ein Teil dient im Winter den Vögeln als Futter, ein Teil sät sich aus und keimt im Frühjahr zu neuen Blumen. Der Wind weht manche Samen auch weiter weg.
Im Laufe des Winters fallen auch die Stängel zusammen, verrotten am Boden und werden wieder zu Erde. So kann im nächsten Frühjahr neues Leben entstehen.

Hast du das gewusst?
Schnee enthält sehr viel Luft. Deswegen wird es unter ihm nie kalt – er ist wie eine warme Decke. Viele Pflanzen überwintern in der Erde unter dieser Schneedecke.

Wiesen sind wichtig!

Wie du jetzt weißt, sind Wiesen ein wichtiger Lebensraum für uns Hummeln, viele andere Tiere und Pflanzen. Doch es gibt immer weniger wilde Wiesen. Das
liegt zum Beispiel daran, dass auf vielen Wiesen ge-
baut wird und dass nicht alle Bauern genügend Platz
für wilde Flächen übrig lassen.

So kannst du uns Hummeln helfen

Bepflanze eine Ecke im Garten (oder vielleicht im Kindergarten oder der Schu-
le) mit Wildblumen. Lass dir dabei von deinen Eltern, Erziehern oder Lehrern
helfen. Streue die Wildblumensamen auf die Erde. Hacke die Erde dann vorsichtig durch. Die Samen dürfen nur leicht mit Erde bedeckt sein. Achte darauf,
dass die Erde immer feucht ist. Schon bald wachsen aus den Samen viele bunte
Blumen. Du kannst auch auf dem Balkon eine kleine Wildblumenkiste bauen.

Diese Pflanzen mögen wir gerne:

Wir Hummeln lieben Weiß- und Rotklee und auch diese Gewürzpflanzen:
Oregano, Minze, Thymian, Rosmarin, Basilikum, Lavendel oder Zitronen-
melisse. Auch Schmuckblumen wie Löwenmäulchen, Obstbäume,
Stachelbeer-, Johannisbeer- und Himbeersträucher mögen wir gerne.

Was kannst du in der Wiese machen?

Es gibt so viel Schönes in der Natur! Man kann Vögel beobachten, Pflanzen bestimmen oder Insekten erforschen. Doch bei allem, was wir tun, sollten wir nie vergessen, wie wichtig jedes einzelne Lebewesen ist.

Blütenkranz

Aus Gänseblümchen oder Löwenzahn kannst du einen Blütenkranz binden. Ritze mit dem Fingernagel den Stängel der Blumen ein, sodass ein kleiner Schlitz entsteht. Stecke die zweite Blume durch diesen Schlitz hindurch und so weiter, bis deine Blumenkette fertig ist.

Blumenstrauß

Ein bunter Wiesenstrauß sieht sehr schön aus. Aber Achtung!
Nicht alles, was in der freien Natur blüht, darfst du auch pflücken.
Auch wenn es so aussieht, als ob auf einer Wiese viele Hunderte Blumen wachsen, sagt das nichts darüber aus, wie häufig es diese Blumen insgesamt noch gibt. Deshalb solltest du nicht mehr als einen Handstrauß pflücken.
Achte außerdem darauf, ob du dich in einem Schutzgebiet befindest, denn dort darf nichts gepflückt werden. Auch zur Vogelbrutzeit darf man bestimmte Wiesen nicht betreten, damit keine Nester, Junge oder Eier zertreten werden. **Und Vorsicht!** Manche Pflanzenarten sind sogar giftig, wie zum Bespiel der Fingerhut oder der Eisenhut.

Blumengrüße

Sammle ein paar heruntergefallene Blätter oder pflücke ein paar schöne Blumen und leg sie zwischen eine Zeitung. Öffne die Blüten vorsichtig und drücke sie so mit einem Finger auf das Zeitungspapier. Leg ein paar schwere Bücher auf die Zeitung und warte zwei Wochen. Die getrockneten Blumen sind sehr lange haltbar. Du kannst sie zum Beispiel auf eine Karte kleben und Blumengrüße verschicken.

Wiesenquiz –
Was gehört zusammen?

Spinnennetz

Wabe

Schmetterling

Löwenzahn

Spinne

Biene

Raupe

Pusteblume

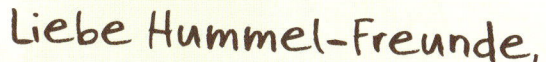

Liebe Hummel-Freunde,

danke, dass ihr euch die Zeit genommen habt, mit mir so viel über mein Zuhause, die Wiese, zu erfahren. Ich hoffe, es hat euch Freude gemacht, und denkt daran: Wenn ihr eine Hummel seht, seid ihr ein Glückspilz. Winkt mir zu, dann drehe ich eine extra Hummelrunde für euch!

Eure Hummel Bommel

BRITTA SABBAG, geboren 1978 in Osnabrück, studierte Sprachwissenschaften, Psychologie und Pädagogik. Nach dem erfolgreichen Abschluss arbeitete sie einige Jahre als Personalerin, bis sie mit ihrem Roman-Debüt einen Spiegel-Bestseller landete. Viele weitere Romane, Jugend-, Kinder- und Bilderbücher folgten. Neben Büchern schreibt sie auch leidenschaftlich gerne Songs und Drehbücher und selbst vor Reimen macht sie keinen Halt. Sie lebt mit ihrer Familie und vielen verrückten und tierischen Bilderbuchfiguren in der Nähe von Bonn. Mehr unter www.brittasabbag.de

MAITE KELLY, geboren 1979 als zweitjüngstes Kind der Kelly Family, ist eine erfolgreiche Sängerin und Entertainerin. Als Komponistin und Texterin veröffentlicht sie nicht nur ihre eigenen Songs, sondern erreichte auch große Erfolge mit Arbeiten für andere Künstler. Außerdem konnte sie als Schauspielerin überzeugen und hat seit mehreren Jahren eine erfolgreiche Modelinie. Das Schreiben von Texten aller Art ist nach wie vor die Hauptleidenschaft der außergewöhnlichen Allround-Künstlerin.

JOËLLE TOURLONIAS, geboren 1985 in Hanau, hat Visuelle Kommunikation mit Schwerpunkt Illustration und Malerei an der Bauhaus Universität Weimar studiert. 2009 machte sie sich selbstständig und zeichnet, malt, lebt und liebt heute in der Pampa in der Nähe von Frankfurt am Main.

FAMILIE HUMMEL

MAITE

JOËLLE

BRITTA

© BEATRICE MACK

Britta Sabbag und Maite Kelly lernten sich bei einem Filmprojekt kennen. Sofort war klar, dass sie auf einer gemeinsamen Hummelwelle liegen. Die Geschichten und Songs der kleinen Hummel werden gemeinsam bei vielen leckeren Honigkeksen entwickelt und mit Joëlle Tourlonias bilden sie das perfekte Hummelteam.

Noch mehr für kleine und große Hummel-Freunde:

ISBN 978-3-8458-0637-2

ISBN 978-3-8458-1286-1

ISBN 978-3-8458-1323-3

ISBN 978-3-8458-2535-9

ISBN 978-3-8458-1645-6

ISBN 978-3-8458-2275-4

ISBN 978-3-8458-2555-7

ISBN 978-3-8458-2533-5

Mehr Infos und Zusatzmaterialien
zu den Büchern unter:
www.hummelbommel.de

mit viel
Liebe
gemacht

arsEdition
... bringt Freude

Noch mehr Freude...

... mit Kinderbüchern für pures Vergnügen!
www.arsedition.de

Das Neuste von arsEdition im Newsletter:
abonnieren unter **www.arsedition.de/newsletter**

© 2019 arsEdition GmbH, Friedrichstraße 9, 80801 München
Alle Rechte vorbehalten
Text © 2019 Britta Sabbag und Maite Kelly
Illustrationen © 2019 Joëlle Tourlonias
Fachliche Beratung und redaktionelle Mitarbeit: Eva Wagner

Dieses Werk wurde vermittelt durch die
Michael Meller Literary Agency GmbH, München
ISBN 978-3-8458-3013-1

FSC
MIX
Papier aus verantwor-
tungsvollen Quellen
FSC® C002795
www.fsc.org

Fotonachweis:
Getty Images: Cover: Tessa Bunney, S. 6/7, 10: Custeau, S. 14/15: a40757, S. 17:
elzauer, S. 18: Sushaaa, S. 19: Natali_Mis, S. 19: Jose A. Bernat Bacete, S. 19: Pong-
Moji, S. 20/21: borchee, S. 22: Courtney Jassby Photography, S. 22: mikroman6,
S. 22: Andre Skonieczny, S. 22/23: Martin Ruegner, S. 24: grandaded, S. 25: pressdi-
gital, S. 26: ivkuzmin, S. 26/27: tomertu, S. 27: Ines Carrara, S. 28: DENIS CHARLET/
AFP, S. 28/29: aniszewski, S. 30: Mike Powles, S. 30: rudolfgeiger, S. 31: Dennis
Heidrich / EyeEm, S. 31: Christoph Ruisz, S. 31: Anagramm, S. 31: Fotokreativa, S. 31:
Tramper2, S. 31: Thorsten Spoerlein, S. 31: Michael Breuer, S. 31: CreativeNature_nl,
S. 32/33: hhjjxx, S. 33: Sophia Spurgin Photography, S. 34: Photos by R A Kearton,
S. 35: Colin Varndell, S. 36/37: Vaivirga, S. 39/39: Ikvyatkovskaya, S. 42: jamsi, S. 42:
yanik88, S. 42: alexmak72427, S. 42: Kamadie, S. 42: BreatheFitness, S. 42: K_Thal-
hofer, S. 42: MilanMKM, S. 42: marnag